埼玉 桜の名所

春が来るのが待ち遠しい!

埼玉の四季の花 見どころ pick up

JN073722

お菓子と一緒に美味しいお花見

特集

きれいな桜を眺めながら
美味しいお菓子はいかが？
春の気分をより盛り上げる
地域自慢のお菓子をご紹介します

価格はすべて税込です

天候や気象条件により開花時期等が変わることがあります。ご確認のうえお出かけください。

密閉・密集・密接を避け、少人数で静かに桜を楽しみましょう。ご飲食以外はマスク着用を。
状況により施設の利用制限等が生じる場合があります。施設管理者の要請に応じていただきますようお願いいたします。

さいたま市
見沼区
ほか

見沼田んぼの桜回廊 ①

みぬまたんぼのさくらかいろう

桜の見頃｜**3月中旬～4月初旬**

総延長は20km超！「桜の下を散策できる日本一の桜回廊」
ソメイヨシノのほか、ミヤビザクラ、
エドヒガンザクラも見られます

詳細はこちらから
見沼田んぼの桜回廊

2013年オープン
パティスリー タケモト

フルーツの彩り豊かなケーキ、香り高い焼き
菓子などを揃え、地元に愛される人気店

SAKURA 570円

サクラダッコワーズ
330円

ガトーフレーズ
5号・イチゴ花飾り
4,980円

さいたま市緑区東浦和2-72-1
TEL.048-764-8682
㊡10:00～19:00㊡毎週水曜＆不定休

市民の森・見沼グリーンセンター周辺
土呂駅東口から徒歩で約10分

見沼区加田屋、見沼自然公園周辺
大宮駅・浦和駅・
浦和美園駅から
国際興業バス便あり

さいたま新都心駅周辺
さいたま新都心駅から
徒歩で約15分

東浦和駅周辺
東浦和駅から徒歩で約10分

● 所在地／さいたま市北区・
大宮区・見沼区・浦和区・緑区
● 駐車場／なし（公共交通機関
をご利用ください）
● 本数／約2,000本
㊞見沼田圃政策推進室
048-829-1413

ソメイヨシノのほか、大島桜や八重桜なども

加須はなさき公園 加須市

かぞはなさきこうえん ❷

桜の見頃｜3月下旬〜4月上旬

●所在地／加須市水深1722
●電車／東武伊勢崎線「花崎駅」から徒歩15分●車／東北自動車道「加須I.C.」から国道125号を栗橋方面、北大桑交差点を菖蒲方面へ約3km
●駐車場／無料1,200台
●入場料／無料●本数／約200本
☎公園管理事務所0480-65-7155

「お店の全商品手作り」にこだわる洋菓子店
オーダー製デコレーションケーキも人気

洋菓子倶楽部 エーデルワイス

いちごサンド
200円

5種類の味の
可愛いくまさん
パウンドケーキ280円

●シェル型が人気のマドレーヌ100円〜

花崎店／加須市花崎北1-10-3鈴木ビル1F
花崎駅北口徒歩約2分　TEL.0480-31-8933
営10:30〜19:00　休不定休
久喜店／久喜市葛梅3-1-25
鷲宮駅徒歩約10分　TEL.0480-59-6233
営9:30〜19:30　年中無休

さってごんげんどうさくらつつみ ❸

幸手市 幸手権現堂桜堤

文久年間創業 石太菓子店

江戸後期の創業以来守る伝統の味だけでなく、幸手らしさにこだわった商品も楽しい

●塩がま290円
（餡入りもあります）
●塩あんびん170円ほか

桜づつみ140円

**桜の里まんじゅう
130円**

幸手市北1-10-32
TEL.0480-42-0052
営8:30〜19:00　休月

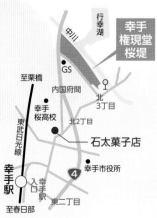

雄大な桜並木と菜の花の競演
やさしい色彩の春の景色に癒される

桜の見頃｜3月下旬〜4月上旬

●所在地／幸手市内国府間（うちごうま）887-3（県営権現堂公園）●交通／東武日光線「幸手駅」東口から徒歩約30分、または「五霞町役場前」行きバス「権現堂」下車
●入場料／無料●駐車場／有料約400台
●本数／約1,000本
☎権現堂公園管理事務所0480-44-0873

行田市

古墳の上から園内の桜や市街、
忍城を一望できます

丸墓山古墳

さきたま古墳公園
さきたまこふんこうえん ④

四季折々の和菓子を
桜とともに味わいたい

安政五年創業 150年守る伝統の味

金沢製菓店

全国郷土料理百選
いがまんじゅう130円

餡の甘さと赤飯の
塩味が互いに引き
立つ美味しさ

ねこ最中140円

前玉（さきたま）神社で
参拝者に愛される猫
たちにちなんだ最中

● 塩あんびん（170円）も人気です。

行田市埼玉5288
TEL.048-559-1663
㊇8:00〜16:30
㊡月（祝日の場合は営業・翌営業日休業）

桜の見頃｜3月下旬〜4月上旬

● 所在地／行田市埼玉4834 ● 交通／秩父
鉄道「行田市駅」より約3km、JR高崎線「吹
上駅」より約4.3km ● 駐車場／無料335台
● 入場料／無料
㊙さきたま史跡の博物館048-559-1111

本庄市

こだま千本桜
こだませんぼんざくら ⑤

小山川両岸に延々と続く桜並木は壮観です

桜の見頃｜3月下旬〜4月上旬

● 所在地／本庄市児玉町児玉 ● 交通／JR八高線「児玉駅」から徒歩約15分 ● 駐車場／河川敷
に駐車可能 ● 本数／約1,100本　㊙本庄市観光協会児玉支部0495-72-1334

地元産の新鮮たまご・野菜などを使い、
心を込め丁寧に手作りしています

パンとお菓子のお店 マロン

こだま千本桜クッキー
230円

コッペパン
162円〜

● はにぽんクッキー160円〜
● ラ・セーヌ110円　● 各種焼き菓子100円〜
● バタークリームケーキ2,800円〜　ほか

本庄市児玉町児玉171-1
TEL.0495-72-1258
㊇8:30〜18:30　㊡日・祝
https://malon.co.jp/

Instagram

川越市

かわごえすいじょうこうえん **⑥**

川越水上公園

入間川に面した土手の桜並木は必見
八重桜も美しい

桜の見頃｜**3月下旬～4月上旬**

丸和だんご 川野屋 二塚店

「川越の焼きだんご」で人気のお店

川越の天然醸造醤油ベースのタレが香ばしい!

川越の焼きだんご
1本90円

こだわりの
どら焼
1個210円

国産の原料のみ、手焼きの逸品です

川越市南大塚1-29-17　TEL.049-241-4897
㊈9:30～17:00 ㈱水曜(祝日は営業)年末年始

コチラも! 川越水上公園・ボート池売店でも
「焼きだんご」を販売しています。
営業は3月～11月の土日祝(10:00～17:00)

●所在地／川越市池辺880
●電車／JR川越線「西川越駅」から徒歩15分 ●バス／東武東上線・JR「川越駅」または西武新宿線「本川越駅」から、かすみ野行き西武バス「水上公園入口」バス停から徒歩10分 ●入場料／無料 ●駐車場／無料600台 ●本数／約400本　㊨公園管理事務所049-241-2241

嵐山町

ときがわさくらづつみ **⑦**

都幾川桜堤

都幾川の堤に沿って弓なりに
連なる桜を遠くまで見渡せる

桜の見頃｜**3月下旬～4月上旬**

●所在地／比企郡嵐山町大蔵～鎌形
●交通／東武東上線「武蔵嵐山駅」から
徒歩約20分
●駐車場／学校橋河原500円
●本数／約250本
㊨嵐山町観光協会0493-81-4511

武蔵嵐山駅直結の観光情報拠点です
特産品満載でお土産えらびも楽しい!

嵐山町ステーションプラザ **嵐なび**

嵐山町産小麦「農林61号」使用の
焼き菓子各種150円～

嵐丸焼き
200円

嵐山町マスコットキャラクター「むさし嵐丸」の人形焼き

嵐山町産
いちごジャム
500円

比企郡嵐山町菅谷100-4
TEL.0493-62-8730
㊈9:00～16:45 ㈱年末年始

ぜひお出かけください!

埼玉 桜の名所

天候や気象条件により開花時期等が変わることがあります。
ご確認のうえお出かけください。

新型コロナウイルス感染拡大防止について

■ 状況により各施設等のイベント中止、入場禁止・制限等の措置がとられる可能性があります。最新の情報をご確認のうえお出かけください。
■ お出かけ先では、各施設管理者の要請に応じてください。
■ お出かけの際は、少人数でマスク着用のうえ、密閉・密集・密接を避け、静かに観賞していただきますようお願いいたします。

野球場、テニスコートなど運動施設も

杉戸町 sugito

❽ 杉戸西近隣公園

すぎとにしきんりんこうえん | 桜の見頃 | 3月下旬〜4月上旬

●所在地／北葛飾郡杉戸町高野台西4-1-3 ●交通／東武日光線「杉戸高野台駅」から徒歩約5分 ●駐車場／無料約70台（駐車台数に限りがあるためできるだけ公共交通機関をご利用ください）●本数／約250本　☎杉戸西近隣公園管理事務所0480-35-0419

●所在地／加須市上三俣2255付近から利根川土手まで（全長約5.6km）●交通／東武伊勢崎線「加須駅」北口から徒歩約23分 ●車／東北自動車道「加須I.C.」より約10分 ●駐車場／パストラルかぞ約400台（無料）　☎加須市道路課0480-62-1111

加須市 kazo

700本近い八重桜が華やかに彩る

❾ やぐるま街道の八重桜

やぐるまかいどうのやえざくら | 桜の見頃 | 4月中旬〜5月上旬

樹齢80年超の桜のトンネルが200m

伊奈町 ina

❿ 無線山桜並木

むせんやまさくらなみき | 桜の見頃 | 3月下旬〜4月上旬

●所在地／北足立郡伊奈町小室
●交通／ニューシャトル「志久駅」から徒歩約5分
●駐車場／有料約100台
☎伊奈町都市計画課
048-721-2111

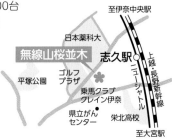

八ッ橋と桜が調和する光景は最高！

岩槻区
iwatsuki

⓫ 岩槻城址公園

いわつきじょうしこうえん　桜の見頃｜3月下旬〜4月上旬

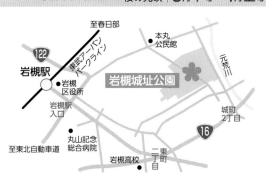

●所在地／さいたま市岩槻区太田3-1-1 ●交通／東武アーバンパークライン「岩槻駅」から徒歩約23分、コミュニティバス「慈恩寺観音」行きで
「岩槻城址公園」下車（平日のみ）●駐車場／無料291台 ●本数／約600本　☎岩槻城址公園管理事務所048-757-9122

千本の桜、県内随一のお花見スポット

大宮区
omiya

⓬ 大宮公園

おおみやこうえん　桜の見頃｜3月下旬〜4月上旬

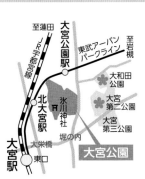

さくら名所100選

●所在地／さいたま市大宮区高鼻町4 ●交通／「大宮駅」から徒歩約20分、東武アーバンパークライン「北大宮駅」または「大宮公園駅」から徒歩約10分
●駐車場／有料278台（開花期は混み合うため公共交通機関のご利用を）●入場料／無料 ●本数／約1,000本　☎大宮公園事務所048-641-6391

約30種の桜が次々と開花

北本市
kitamoto

⓭ 高尾さくら公園

たかおさくらこうえん　桜の見頃｜3月下旬〜4月上旬

●所在地／北本市高尾6-350-1 ●交通／JR高崎線「北本駅」から
「北里研究所メディカルセンター病院」行きバスで「石戸小学校入
口」下車徒歩約20分 ●駐車場／無料約140台
☎北本市都市計画政策課048-594-5547

● ソメイヨシノ ● シダレザクラ ● エドヒガンザクラ ● ヤマザクラ ほか

カンヒザクラ

ふるさと歩道を彩る約500本の桜

⓮ さくら堤公園

さくらづつみこうえん 　桜の見頃｜**3月下旬～4月上旬**

吉見町 yoshimi

● 所在地／比企郡吉見町飯島新田 ● 電車バス／①東武東上線「東松山駅」、JR高崎線「鴻巣駅」から川越観光バスで「古名」下車徒歩約20分 ②東武東上線・JR川越線「川越駅」、JR高崎線「鴻巣駅」から東武バスで「大和田」下車徒歩約15分
● 車／①関越自動車道「東松山I.C.」約20分 ②圏央道「川島I.C.」約15分 ③同「桶川北本I.C.」約10分
● 駐車場／無料約100台
● 本数／約1.8kmにわたり約500本
🏢吉見町まち整備課
0493-63-5018

両岸の桜はレトロな雰囲気で人気

⓯ 元荒川の桜並木

鴻巣市 konosu

もとあらかわのさくらなみき 　桜の見頃｜**3月下旬～4月上旬**

● 所在地／鴻巣市吹上本町など
● 電車／JR高崎線「吹上駅」北口から徒歩約5分
● 駐車場／なし ● 本数／約500本
🏢鴻巣市役所商工観光課048-541-1321

2kmにわたる圧巻の桜のトンネル

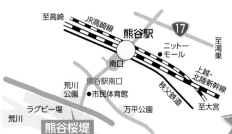

⓰ 熊谷桜堤

熊谷市 kumagaya

くまがやさくらつつみ 　桜の見頃｜**3月下旬～4月上旬**

● 所在地／熊谷市河原町・桜木町
● 交通／JR高崎線・秩父鉄道「熊谷駅」南口から徒歩約5分
● 駐車場／無料約250台 ● 本数／約500本
🏢熊谷市観光協会048-594-6677

さくら名所100選

町の天然記念物「氏邦桜」

⑰ 鉢形城公園

寄居町
yorii

はちがたじょうこうえん　桜の見頃｜**3月中旬～下旬**

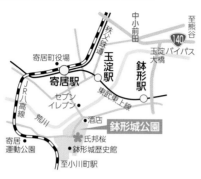

氏邦桜（エドヒガンザクラ）

鉢形城歴史館
048-586-0315
開館／9:30～16:30
休館／月曜日、祝日の翌日、年末年始
入場料／一般200円、高校生・大学生100円

●公園所在地／大里郡寄居町鉢形2496-2 ●車／関越自動車道「花園I.C.」より国道140号バイパスを秩父方面へ約15分 ●電車／JR八高線・秩父鉄道・東武東上線「寄居駅」より徒歩約25分 ●駐車場／無料

約2.5kmに渡るソメイヨシノのトンネル

⑱ 長瀞北桜通り

長瀞町
nagatoro

ながとろきたさくらどおり　桜の見頃｜**3月下旬～4月上旬**

●所在地／秩父郡長瀞町長瀞～本野上
●交通／秩父鉄道「長瀞駅」徒歩約3分
●入場料／無料 ●本数／約400本
●駐車場／長瀞駅周辺有料駐車場
長瀞町観光協会0494-66-3311

桜のライトアップほか、観光情報はこちら！

長瀞町観光協会　検索

さくら名所100選

300本の八重桜が見事

⑲ 荒川小野原 深山の花園

秩父市
chichibu

あらかわおのはらみやまのはなぞの　桜の見頃｜**4月中旬～下旬**

●所在地／秩父市荒川小野原505（さぎのすの里）●交通／秩父鉄道「武州日野駅」徒歩15分 ●駐車場／無料15台 ●開園時間／9:00～16:00（夏期は17:00まで）●整備協力金をお願いします
深山の花園0494-54-1571

四季折々の花が楽しめます

春 八重桜
（300本／4月中旬～下旬）

夏 キツネノカミソリ
（3,000株／7月下旬～8月上旬）

秋 曼珠沙華
（30,000株／9月中旬）

冬 ロウバイ、マンサク
（200本／2月～3月）

大観山東斜面を埋め尽くす桜

⑳ さくらの山公園

さくらのやまこうえん　桜の見頃│3月下旬〜4月上旬

- 所在地／入間郡越生町越生969-1
- 交通／JR八高線、東武越生線「越生駅」から徒歩約10分
- 駐車場／越生町役場周辺に約100台（無料）
- 本数／約300本　☎越生町観光協会049-292-1451

樹齢約600年のエドヒガンザクラも

秩父市
chichibu

㉑ 清雲寺のしだれ桜

せいうんじのしだれざくら　桜の見頃│3月下旬〜4月上旬

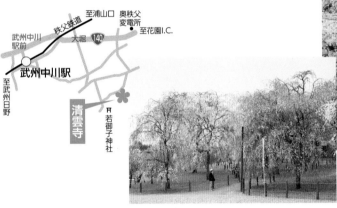

- 所在地／秩父市荒川上田野690 ● 交通／秩父鉄道「武州中川駅」から徒歩約15分 ● 入場料／無料 ● 駐車場／臨時有料400台 ● 本数／30本（しだれ桜）　☎秩父市荒川総合支所地域振興課0494-54-2114

高麗川対岸・高麗家住宅の桜も見事

日高市
hidaka

㉒ 霊巌寺のしだれ桜

れいがんじのしだれざくら　桜の見頃│3月下旬〜4月上旬

- 所在地／日高市新堀740-1 ● 電車バス／西武池袋線「飯能駅」から国際興業バス（埼玉医大行き・医大31）で「板仏」バス停徒歩13分 ● 車／圏央道「鶴ヶ島I.C.」から約24分 ● 駐車場／無料60台
☎霊巌寺042-989-0528

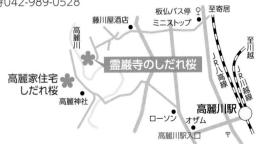

古刹を彩る樹齢260年以上のしだれ桜

坂戸市
sakado

㉓ 慈眼寺のしだれ桜

じげんじのしだれざくら　桜の見頃｜**3**月**下旬**〜**4**月**上旬**

●所在地／坂戸市中小坂285 ●交通／東武東上線「若葉駅」から、さかっちワゴンみよしの線「慈眼寺前」下車徒歩約1分、または東武バス川越駅行き「川越堺」下車徒歩約2分 ●入場料／無料
☎坂戸市商工労政課049-283-1331

広々とした敷地にあふれる桜

所沢市
tokorozawa

㉔ 所沢航空記念公園

ところざわこうくうきねんこうえん　桜の見頃｜**3**月**下旬**〜**4**月**上旬**

●所在地／所沢市並木1-13
●電車／西武新宿線「航空公園駅」すぐ
●車／関越自動車道「所沢I.C.」から約6km
●駐車場／2時間まで無料580台
●本数／約450本　☎公園管理事務所04-2998-4388

満開の桜並木はトンネルのような迫力

狭山市
sayama

埼玉県営
㉕ 狭山稲荷山公園

さやまいなりやまこうえん　桜の見頃｜**3**月**下旬**〜**4**月**上旬**

●所在地／狭山市稲荷山1-23-1
●交通／西武池袋線「稲荷山公園駅」下車すぐ
●駐車場／無料101台
●本数／約300本
☎狭山稲荷山公園管理事務所
04-2955-3228

埼玉の四季の花
見どころ pick up

新型コロナウイルス感染拡大防止について

■ 状況により各施設等のイベント中止、入場禁止・制限等の措置がとられる可能性があります。最新の情報をご確認のうえお出かけください。
■ お出かけ先では、各施設管理者の要請に応じてください。
■ お出かけの際は、少人数でマスク着用のうえ、密閉・密集・密接を避け、静かに観賞していただきますようお願いいたします。

天候や気象条件により開花時期等が変わることがあります。ご確認のうえお出かけください。

東秩父村 花桃

㉖ 大内沢花桃の郷

おおうちざわはなももものさと

| 見頃 | 3月中旬〜4月初旬 |

地域の力で
丘の南斜面が"桃源郷"に

● 所在地／秩父郡東秩父村大内沢1118-1 ● 交通／JR八高線・東武東上線「小川町駅」または「寄居駅」からイーグルバスで「大宝（たいほう）」下車徒歩約10分 ● 駐車場／約30台 ● 入場料／無料（協力金あり） ● 本数／約5,000本
☎東秩父村産業観光課
0493-82-1223

深谷市 チューリップ

開花時季が合えば桜とチューリップの競演も

㉗ 深谷グリーンパーク

ふかやぐりーんぱーく

| 見頃 | 3月下旬〜4月中旬 |

● 所在地／深谷市樫合763 ● 交通／JR高崎線「深谷駅」から車で約15分、土・日・祝は「深谷駅」より無料シャトルバス運行（詳細はお問合せを）、「深谷駅」から「寄居車庫」行きバスで「グリーンパーク前」下車すぐ ● 駐車場／無料約600台 ● 入場料／無料 ● 本数／約3万株

☎深谷グリーンパーク048-574-5000

滑川町 ネモフィラ

圧巻のスケールで一面に広がる空色の花畑

㉘ 国営武蔵丘陵森林公園

こくえいむさしきゅうりょうしんりんこうえん

| 見頃 | 4月上旬〜下旬 |

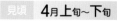

西口ひろば花畑（公園西口より徒歩すぐ）

● 所在地／比企郡滑川町山田1920 ● バス／東武東上線「森林公園駅」からバス「立正大学行」または「熊谷駅南口行」で約10分（公園の南口または西口に到着） ● 車／関越自動車道「東松山I.C.」から約10分 ● 入園料／高校生以上450円、65歳以上210円、中学生以下無料 ● 駐車場／有料1,600台 ☎公園管理センター0493-57-2111

仙元山麓に春を告げる可憐な花々

㉙ カタクリとニリンソウの里

かたくりとにりんそうのさと

見頃 3月下旬〜4月中旬

ニリンソウ

●所在地／比企郡小川町下里 ●交通／JR八高線、東武東上線「小川町駅」から徒歩約35分、「小川町駅」から「小川パークヒル」行きバスで「伝統工芸会館前」下車徒歩5分 ●駐車場／埼玉伝統工芸会館駐車場を利用 ●本数／約10万株　☎小川町にぎわい創出課0493-72-1221

㉚ 東松山ぼたん園

ひがしまつやまぼたんえん

見頃 4月中旬〜5月初旬

日本最大級のぼたん園
新しい品種も咲く

●所在地／東松山市大谷1148-1
●交通／東武東上線「東松山駅」から臨時バス（開花期間のみ）●駐車場／無料330台 ●入園料／高校生以上500円（開花期間のみ）●株数／約150種6,500株
☎東松山ぼたん園0493-81-7607

㉛ 羊山公園　芝桜の丘

ひつじやまこうえん
しばざくらのおか

見頃 4月中旬〜5月上旬

丘を染め分ける花の色は秩父夜祭の囃子手の襦袢模様

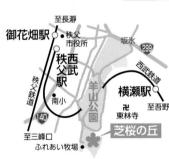

●所在地／秩父市大宮6360 ●交通／西武鉄道「西武秩父駅」または「横瀬駅」下車徒歩約20分、秩父鉄道「御花畑駅」下車徒歩約20分 ●入場料／見頃期間300円（中学生以下無料）●開園／8時〜17時（有料時間）●駐車場／300台（見頃期間有料）●本数／10品種約40万株
☎秩父市観光課0494-25-5209

㉜ 慈光山歴史公苑

じこうざんれきしこうえん

木陰に広がるうす紫の群生

見頃 4月下旬〜5月上旬

●所在地／ときがわ町西平386周辺 ●車／関越自動車道「東松山I.C.」または「嵐山小川I.C.」から30分、圏央道「鶴ヶ島I.C.」または「狭山日高I.C.」から50分 ●駐車場／無料　☎ときがわ町産業観光課0493-65-1532

バス情報はこちら　ときがわ町　シャガ　検索

小川町　カタクリ・ニリンソウ

東松山市　ぼたん

秩父市　芝桜

ときがわ町　シャガ

㉝ 藤花園 牛島の藤

とうかえん うしじまのふじ

見頃 **4月中旬〜5月上旬**

樹齢1,200年の藤は、国の特別天然記念保存木

●所在地／春日部市牛島786 ●交通／東武線「藤の牛島駅」から徒歩約10分 ●駐車場／無料200台（ゴープラ春日部店と共用）●開園／4月中旬より期間限定 ●開園時間／8:00〜17:00 ●入場料／中学生以上1,000円、4歳〜小学生500円　☎藤花園048-752-2012

㉞ 玉敷公園

たましきこうえん

見頃 **4月下旬〜5月上旬**

約1mにも達する見事な花房
樹齢450年あまりの大木も

●所在地／加須市騎西535-1
●交通／東武伊勢崎線「加須駅」南口からバス10分（鴻巣駅行きまたは免許センター行き）、「騎西1丁目」下車徒歩約7分
●駐車場／無料30台　☎加須市騎西総合支所地域振興課0480-73-1111

約400種が咲き誇る県内最大のバラ園

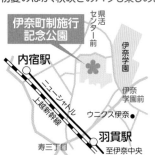

㉟ 伊奈町制施行記念公園

いなちょうせいしこうきねんこうえん

見頃 **5月上旬〜6月上旬**

初夏のほか、秋咲きのバラも楽しめます

●所在地／伊奈町小針内宿732-1
●交通／ニューシャトル「内宿駅」から徒歩約10分 ●駐車場／無料400台
●入場料／おとな350円（開花期）療育手帳・身体障害者手帳・精神障害者保健福祉手帳提示者、18歳以下は無料
●株数／約400種5,000株
☎伊奈町都市計画課公園緑地係
048-721-2111

荒川河川敷に広がる約12.5haの
日本一広いポピー畑

㊱ ポピー・ハッピースクエア

ぽぴー はっぴーすくえあ

見頃 **5月中旬〜下旬**

●所在地／鴻巣市滝馬室1139-1付近
●交通／JR高崎線「鴻巣駅」西口から徒歩約30分、または「鴻巣駅」西口からコミュニティバス「フラワー号馬室コース」で「給食センター前」下車。「こうのす花まつり」開催期間の土日は、鴻巣駅西口より無料シャトルバスあり（鴻巣市ホームページをご確認ください）●駐車場／約500台（協力金1台500円）●本数／約3,000万本
☎鴻巣市商工観光課048-541-1321

㊲ 長瀞花の里・ハナビシソウ園

なが とろ はな のさと
はなびしそうえん

| 見頃 | 5月中旬〜6月中旬 |

カリフォルニアポピーとも呼ばれる
鮮やかな色彩の花畑

● 所在地／秩父郡長瀞町長瀞1164
● 交通／秩父鉄道「長瀞駅」徒歩約10分
● 開園／9:00〜17:00
● 環境整備協力金／200円
● 駐車場／無料 ● 本数／約10万株
☎ 長瀞町産業観光課0494-66-3111

㊳ 上尾丸山公園

あげおまるやまこうえん

| 見頃 | 5月下旬〜6月上旬 |

70種1万株の花菖蒲
睡蓮や紫陽花も美しい

● 所在地／上尾市平方3326 ● 交通／JR高崎線「上尾駅」西口より
① 市内循環バス「ぐるっとくん」【平方丸山公園線 リハビリセンター
行】で「丸山公園南口」または「自然学習館」下車すぐ　② 東武バス
【リハビリセンター行 西上尾第二団地経由】で「丸山公園入口」下
車、交差点「丸山公園入口」から北へ徒歩約6分（約250m）
● 駐車場／無料約500台　☎ 上尾丸山公園048-781-0163

㊴ ときがわ花菖蒲園

ときがわはなしょうぶえん

| 見頃 | 6月上旬〜下旬 |

ボランティアグループが
丹精した花菖蒲が
約5,000株

● 所在地／比企郡ときがわ町玉川（町役場西側）
● 交通／JR八高線「明覚駅」から徒歩15分、JR八高線・東武東上線「小川町駅」から路線バス「明覚駅」行きで「ときがわ町役場本庁舎」下車徒歩約
3分 ● 駐車場／無料（町役場、トレーニングセンター、文化センター）● 本数／約5,000株　☎ ときがわ町産業観光課0493-65-1532

㊵ 千年の苑ラベンダー園

せんねんのその らべんだーえん

| 見頃 | 6月上旬〜下旬 |

● 所在地／比企郡嵐山町鎌形
● 交通／東武東上線「武蔵嵐山駅」西
口よりバス約10分「休養地入口」バス
停下車すぐ ● 車／関越自動車道「東松
山I.C.」または「嵐山小川I.C.」から約15
分 ● 駐車場／80台（普通車500円）
● 見学有料（花畑に入園できるのはイ
ベント時のみとなります）
☎ 嵐山町観光協会0493-81-4511

やわらかな甘い香りに癒される紫色の群生

らんざんラベンダーまつり　2022年 6/10(金)〜26(日)予定　開催時間9:00〜16:00
イベント時の花畑への入園料等、詳細はHPをごらんください
嵐山町観光協会 検索

photo:Kazuko Soutome

加須市 ホテイアオイ

④ 道の駅童謡のふる里おおとね

みちのえき どうよう のふるさと おおとね

| 見頃 | 6月中旬〜10月上旬 | 最盛期8月後半 |

道の駅周辺に広がる涼しげな風景
水鳥も多く訪れます

photo:
Kazuko Soutome

●所在地／加須市佐波258-1 ●交通／東武伊勢崎線「加須駅」からシャトルバスで「道の駅童謡のふる里おおとね」下車すぐ ●駐車場／無料(普通車78台／大型車19台) ●入場料／無料 ●面積／約8,000㎡ 問道の駅童謡のふる里おおとね0480-72-2111

皆野町 あじさい

㊷ 美の山公園

みのやまこうえん

| 見頃 | 6月中旬〜下旬 |

水色や紫など
色とりどりの紫陽花が
約4,500株

●所在地／秩父郡皆野町皆野、秩父市黒谷 ●交通／秩父鉄道「皆野駅」から車で約20分、「和銅黒谷駅」から車で約15分、関越自動車道「花園I.C.」から40〜50分 ●駐車場／無料(普通車109台・大型車6台) ●本数／約4,500株 問皆野町観光協会0494-62-1462

行田市 ハス

㊸ 古代蓮の里

こだいはすのさと

| 見頃 | 6月中旬〜8月上旬の午前中 |

約1,400〜3,000年前の
行田蓮を観賞できます

●所在地／行田市小針2375-1 ●交通／JR高崎線「行田駅」から循環バスで「古代蓮の里」下車すぐ(開花期間は臨時シャトルバス運行予定) ●駐車場／開花期間中のみ有料490台(普通車1日500円) ●入園料／公園は無料。古代蓮会館は高校生以上400円、小・中学生200円 ●株数／42種約12万株 問古代蓮会館048-559-0770

㊹ 本庄ふるさとの森公園

ほんじょうふるさとのもりこうえん

見頃 **7月中旬〜下旬**

●所在地／本庄市児玉町小平653
●交通／JR高崎線「児玉駅」からタクシーで約10分 ●車／関越自動車道「本庄児玉I.C.」より約20分 ●駐車場／あり(無料) ●入園料／無料
☎公園事務所0495-72-6742

四季を通じて豊かな自然を感じられる公園

㊺ 国営武蔵丘陵森林公園

こくえいむさしきゅうりょうしんりんこうえん

見頃 **7月下旬〜10月下旬**

様々な葉色のシソ科植物
木立の中をカラフルに染め分ける

こもれび花畑(公園中央口より徒歩約15分／西口より徒歩約20分)

●所在地／比企郡滑川町山田1920 ●バス／東武東上線「森林公園駅」からバス「立正大学行」または「熊谷駅南口行」で約10分(公園の南口または西口に到着) ●車／関越自動車道「東松山I.C.」から約10分 ●入園料／高校生以上450円、65歳以上210円、中学生以下無料 ●駐車場／有料1,600台　☎公園管理センター0493-57-2111

案内図は14ページ「ネモフィラ」をご参照ください

㊻ キツネノカミソリ群生地　羽尾 市野川沿い

きつねのかみそりぐんせいち
はねお　いちのがわぞい

見頃 **8月上旬〜中旬**

●所在地／比企郡滑川町羽尾地区 ●交通／東武東上線「森林公園駅」北口より徒歩約10分 ●駐車場／なし ☎市野川水系の会イン滑川町(代表・木村)0493-81-6479

地域の保護活動により
群生で咲く姿が見られるようになりました

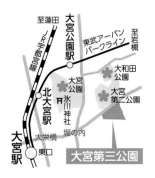

㊼ 大宮第三公園

おおみやだいさんこうえん

見頃 **8月上旬〜中旬**

夏空の下に映える
一面のオレンジ色

●所在地／さいたま市大宮区高鼻町4
●交通／「大宮駅」から徒歩約30分、東武アーバンパークライン「北大宮駅」または「大宮公園駅」から徒歩約20分 ●駐車場／無料69台(うち障がい者用4台) ●入場料／無料
☎大宮第二公園・大宮第三公園管理事務所048-642-2228

㊽ 熊谷・葛和田のひまわり農園

くまがや くずわだのひまわりのうえん

| 見頃 | 第1農園 7月中旬～下旬 |
| | 第2・3農園 8月上旬～中旬 |

開花情報はTwitterをご確認ください

大輪の花が28,000本
ひまわりの迷路が楽しい

至太田
刀水橋
利根川
407
しまむら
道の駅めぬま
妻沼高校
マクドナルド
第2・3農園
第1農園
59
秦小学校
83
天王店（てんのうだな）バス停
至17号バイパス・熊谷警察方面
秦小学校前
59
ローソン
荻野吟子記念館

熊谷・葛和田の
ひまわり農園

入場の際の規則について、詳細は下記までお問い合わせください

●第1農園／熊谷市葛和田1428-5 ●第2・3農園／葛和田1867前 ●交通／JR高崎線「熊谷駅」北口3番バス乗り場より、国際バス葛和田行「天王店（てんのうだな）バス停」下車、秦小学校前交差点から深谷方面へ徒歩約8分 ●駐車場／200円（第1農園6台、第2・3農園30台）●入園料／18歳以上100円 ●本数／約28,000本　🄫花と緑を育てる会（荻野）090-7245-7392

㊾ 秋海棠群生地 ときがわ町椚平

しゅうかいどうぐんせいち　ときがわまちくぬぎだいら

| 見頃 | 8月下旬～9月中旬 |

地域の人々が大切に守る
山陰の斜面を彩る清楚な花

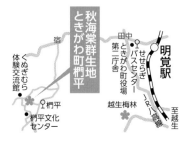

秋海棠群生地
ときがわ町椚平

宿
くぬぎむら体験交流館
椚平
椚平文化センター
田中
ときがわ町役場
ときがわ町役場第二庁舎
せせらぎバスセンター
明覚駅
越生梅林
JR八高線
至越生

乗合タクシー
ご利用登録は
こちら

●所在地／比企郡ときがわ町椚平 ●交通／東武東上線「武蔵嵐山駅」またはJR八高線・東武越生線「越生駅」より「せせらぎバスセンター」行きバス終点下車、乗合タクシーに乗り換え、共通乗降所「秋海棠群生地」下車すぐ ●駐車場／無料約30台　🄫ときがわ町産業観光課0493-65-1532

㊿ 両神山麓花の郷 ダリア園

りょうかみさんろくはなのさと　だりあえん

| 開園 | 9月1日～11月3日（予定） |

両神山麓花の郷
ダリア園

299
三田川小
黒海士バイパス前
堤医院
小鹿野神社
諏訪大明神
ダリア園バス停
両神温泉薬師の湯
町役場
両神庁舎
小鹿野町役場

山あいの斜面がまるでパレット！関東最大級のダリア園

●所在地／小鹿野町両神薄8160-1
●交通／秩父鉄道「三峰口駅」より町営バス「日向大谷口」行き「ダリア園」下車 ●駐車場／無料70台 ●環境整備協力金／中学生以上500円
●本数／350種5,000株
🄫小鹿野町観光協会0494-79-1100

(51) 熊谷 石上寺

くまがや せきじょうじ

見頃　**9月中旬～下旬**

見る人の煩悩を祓うといわれる
「白い曼珠沙華」の見事な群生

● 所在地／熊谷市鎌倉町36
● 交通／秩父鉄道「上熊谷駅」から
徒歩約3分、高崎線「熊谷駅」から
徒歩約12分
● 駐車場／無料約20台
（土曜・日曜の法要時は檀家様のた
めにお譲りください）
● 入場／9:00～16:00
● 入場料／無料
● 本数／約300株
☎石上寺048-521-0159

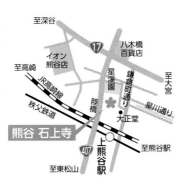

息を飲む圧巻の500万本の曼珠沙華

(52) 巾着田

きんちゃくだ

見頃　**9月中旬～10月上旬**

● 所在地／日高市高麗本郷125-2
● 交通／西武池袋線「高麗駅」から徒歩約15分
● 駐車場／550台（普通車500円）
● 入場料／500円（開花時のみ）●本数／500万本
☎巾着田管理事務所042-982-0268

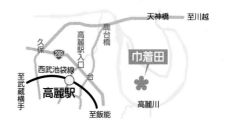

---

(53) マリーゴールドの丘公園

まりーごーるどのおかこうえん

見頃　**9月下旬～10月中旬**

アジサイ・ひまわり…
四季を通じて楽しめる公園

● 所在地／本庄市早稲田の杜1-13-1 ●交通／JR「本庄早
稲田駅」徒歩約5分 ●車／関越自動車道「本庄児玉I.C.」より
約5分 ●入園料／無料 ●駐車場／無料（9:00～17:00）
☎本庄市都市計画課0495-25-1137

54 中川やしおフラワーパーク

なかがわやしおふらわーぱーく

見頃 10月上旬〜下旬

中川の河川敷に広がる
四季折々の花

●所在地／八潮市木曽根　●交通／つくばエクスプレス「八潮駅」南口から「緑町三丁目・木曽根」経由「草加駅東口（木曽根経由）」行きバスで「中川やしおフラワーパーク入口」下車約5分　●駐車場／無料100台　☎八潮市観光協会 048-951-0323

地元ボランティアの力で
丘一面が色とりどりの花に

55 風車の見える丘 （大岡市民活動センター）

ふうしゃのみえるおか

見頃 10月下旬〜11月中旬

●所在地／東松山市大谷3400-10　●交通／東武東上線「東松山駅」東口より市内循環バス大谷コースで、終点「大岡市民活動センター」下車　●駐車場／無料47台　●本数／約1,400株　☎大岡市民活動センター 0493-39-0602

※市内循環バスは日曜・祝日は運休となります

56 城峯公園・冬桜

じょうみねこうえん　ふゆざくら

見頃 10月下旬〜12月上旬

十月桜とも呼ばれる
薄紅色の
小さな八重の花

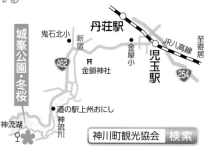

神川町観光協会 | 検索

●所在地／児玉郡神川町矢納1277-3　●交通／JR高崎線「本庄駅」またはJR八高線「丹荘駅」より「神泉総合支所」行きバス終点乗り換え、町営バス「冬桜の宿神泉」行きで「城峯公園前」下車すぐ　●駐車場／無料約35台（臨時約80台）　●開園／8：30〜17：00　●本数／約600本　☎神川町経済観光課 0495-77-0703

---

57 古代蓮の里

こだいはすのさと

見頃 11月〜3月

古代蓮会館南の芝生スペース
高さ50mの展望台から眺めるフラワーアート

●所在地／行田市小針2375-1　●交通／JR高崎線「行田駅」から循環バスで「古代蓮の里」下車すぐ　●駐車場／無料490台　●入園料／公園は無料、古代蓮会館は高校生以上400円、小・中学生200円　●株数／約14,500株　☎古代蓮会館 048-559-0770

案内図は18ページ「ハス」をご参照ください

フラワーアートの絵柄は毎年変わる予定です（写真は2021年のもの）